NOUVEL
ALPHABET
MILITAIRE

Orné de seize gravures.

VAUTIER. DEL.

PARIS,
LE BAILLY, LIBRAIRE,
Rue Cardinale, 6, faub. St-Germ.

675   1856

NOUVEL

ALPHABET

MILITAIRE

Orné de seize gravures.

PARIS.

LE BAILLY, LIBRAIRE,

Rue Cardinale, 6, faub. St.-Germain.

 A B C

D E F G

H I J K L

M N  O P

— 4 —

QRST
UVWX
YZCÉ
ÆŒ.

a b c d e f g h

i j k l m n o p

q r s t u v x y z

w ç é à è â ê î ô û

0 1 2 3 4 5 6 7 8 9

I II III IV V VI VII VIII IX

X XI XII XIII XIV XV XVI

a	e	i	o	u
ba	be	bi	bo	bu
ca	ce	ci	co	cu
da	de	di	do	du
fa	fe	fi	fo	fu
ga	ge	gi	go	gu
ha	he	hi	ho	hu
ja	je	ji	jo	ju
ka	ke	ki	ko	ku
la	le	li	lo	lu

ma	me	mi	mo	mu
na	ne	ni	no	nu
pa	pe	pi	po	pu
ra	re	ri	ro	ru
sa	se	si	so	su
ta	te	ti	to	tu
va	ve	vi	vo	vu
xa	xe	xi	xo	xu
za	ze	zi	zo	zu

ARTILLERIE.

Le nom *d'artillerie* est donné aux piè-ces de canons, mortiers, obusiers, etc., qui servent à l'attaque des places de guerre. On appelle *artilleurs* les soldats qui les manœuvrent, et *artilliers* ceux qui les fabriquent.

BATAILLE DE FONTENAY.

En Belgique, dans les plaines qui avoisinent la ville de Fontenay, eut lieu la bataille de ce nom, gagnée par le maréchal de Saxe sur les Anglais, les Autrichiens et les Hollandais réunis, le 17 mai 1745.

DÉFENSE DU DRAPEAU.

Le drapeau sert à guider nos armées à la victoire ; jadis il se nommait *enseigne*, nom que l'on donnait de même à son porteur. Il n'est pas un brillant fait d'armes, signalé dans nos conquêtes, dont le drapeau n'ait inspiré l'élan.

GÉNÉRAL TURC.

Pendant des siècles, les mœurs civiles et militaires des Turcs n'eurent rien de commun avec les nôtres, pas plus qu'avec nos titres et leurs attributions. Aujourd'hui, ils nomment, comme nous, général celui qu'ils désignaient sous le nom *d'aga* au siècle dernier.

INFANTERIE DE LIGNE.

Les mots *fantas-sins* ou *infanterie* veulent dire soldats à pieds: l'infanterie de ligne, destinée aux colonnes ser-rées, et l'infanterie légère pour les vol-tigeurs ou éclaireurs de combats.

OFFICIER BLESSÉ.

Le grade d'officier est d'autant plus honorable, qu'il ne se donne généralement qu'au courage ou à l'ancienneté de service; plus il est élevé, plus il dénote les dangers qu'a dû supporter celui qui en est revêtu.

REVUE A BORD D'UN VAISSEAU.

Un vaisseau de guerre est une vérita-
ble citadelle flottante, où sont accumulés
tous les objets de combat dont l'on fait
usage sur terre. Il y en a qui portent
jusqu'à 1,200 hommes.

SIEGE ET ASSAUT D'UN FORT.

L'on dit faire le siége d'une ville, lors-
que, par des combinaisons et opérations
militaires, on cherche à s'y introduire en
dépit de la résistance des habitants.
Donner l'assaut, c'est franchir les murs
par un coup décisif.

TRAVAUX DU GENIE.

Généralement les militaires affectés au travail des fortifications, soit d'attaque, soit de défense, forment un corps qui se nomme le *génie*.

Paris. — Imprimerie de POMMERET et MOREAU, 17, quai des Augustins.

Bonaparte aux Pyramides.

Assaut de Constantine.

Paris. — Imp. de Pommeret et Moreau, 17, quai des Augustins.

www.ingramcontent.com/pod-product-compliance
Lightning Source LLC
Chambersburg PA
CBHW061807040426
42447CB00011B/2530